Britta Vaorin

Stationenlernen Religion

Jesus wird geboren

DON BOSCO

Gerne nehmen wir Ihre Anregungen, Wünsche, Kritik oder Fragen entgegen:
Don Bosco Medien GmbH, Sieboldstraße 11, 81669 München
Servicetelefon: (0 89) 4 80 08-3 41

Grundlage des Arbeitsmaterials ist das Kamishibai-Bildkartenset „Jesus wird geboren". Die Erzählung anhand der Erzählkarten und des Kamishibais stellt sicher, dass eine gemeinsame Basis geschaffen wird, die in der Fabel-Werkstatt vertieft werden kann.

Jesus wird geboren. Kamishibai Bildkartenset
Format: DIN A3, 12 Bildkarten, einseitig bedruckt, auf festem 300g-Karton, farbig illustriert von Petra Lefin, inkl. Textvorlage von Susanne Brandt und Klaus-Uwe Nommensen
EAN: 426017951 037 3

Für die Verwendung als elektronisches Bilderbuchkino ist das Bildkartenset auch für den Beamer verfügbar über den Download-Code: Zip-Datei mit 11 hochauflösenden Farbbildern, jeweils als PDF in den Formaten 4:3 und 16:9; außerdem ein druckbares PDF mit Bildübersicht und Erzählvorlage.

So einfach gehts:

- Gehen Sie auf **www.donbosco-medien.de**.
- Geben Sie den Code unter „Meine Bonusseite" ein.
- Loggen Sie sich in Ihr Kundenkonto ein bzw. melden Sie sich kostenlos und ohne Verpflichtungen an.

Der Download wird Ihnen in Ihrem Kundenkonto bereitgestellt. Er kann beliebig oft und auf verschiedene Geräte heruntergeladen werden.

Mit freundlichen Grüßen

Ihr Verlag Don Bosco Medien

oCZQDusSgH

Bibliografische Information der Deutschen Nationalbibliothek
Die Deutsche Nationalbibliothek verzeichnet diese Publikation in der Deutschen Nationalbibliografie; detaillierte bibliografische Daten sind im Internet über http://dnb.d-nb.de abrufbar.

ISBN 978-3-7698-2474-2

Umschlag und Layout: ReclameBüro, München
Illustrationen: Petra Lefin
Notensatz: Nikolaus Veeser
Satz: Sabine Tröger und Don Bosco Medien GmbH, München
Druck: Don Bosco Druck & Design, Ensdorf

klimaneutral gedruckt
www.klima-druck.de
ID-Nr. 2093051
bvdm.

Inhalt

Vorwort

„Kinder kennen kaum noch biblische Geschichten!“

„Die Bibel spielt kaum noch eine Rolle im Leben der Kinder.“

In vielfältigen Zusammenhängen kennen Religionspädagogen diese Aussagen. Es ist unbestritten, dass die biblischen Inhalte immer weniger bis gar nicht Bestandteil der Erziehung sind. Häufig bleibt die Aufgabe des ersten Kontaktes mit biblischen Geschichten dem Religionsunterricht vorbehalten. Eine der grundlegenden Aufgaben des Religionsunterrichts ist daher, die Kinder mit den elementaren Bibeltexten vertraut zu machen.

Hinzu kommt die Herausforderung, mit zunehmender Heterogenität der Lerngruppen auch differenzierte Lernangebote zu bieten, die den unterschiedlichen Bedürfnissen der Lernenden gerecht werden, ohne weder die Gesamtheit der Lerngruppe noch den gemeinsamen Lerngegenstand aus den Augen zu verlieren.

Das vorliegende Materialpaket dient dazu, Grundschullehrkräfte in der Gestaltung eines **ganzheitlich orientierten, sprach- und beziehungsfördernden** und trotzdem **individualisierten Religionsunterrichtes** zu unterstützen.

Das **niveaudifferenzierte Material** ist mit wenigen Handgriffen einsatzbereit und in heterogenen Lerngruppen auch **jahrgangsübergreifend einsetzbar**. Die Angebote an den Stationen haben sowohl Schülerinnen und Schüler mit wenig Sprach- und Schriftkenntnissen oder zusätzlichem Förderbedarf als auch leistungsstärkere Schülerinnen und Schüler im Blick, die durchaus z.B. beim Memo-Spiel oder Puzzle **gemeinsam arbeiten** können und sollen. Hierfür steht ein breites Materialangebot zur Verfügung, das individuell angepasst werden kann. Es ermöglicht eine umfangreiche Differenzierung mit dem Ziel, dass jedes Kind sich auf seinem Niveau mit der biblischen Geschichte auseinandersetzt.

Grundlage des Materialpaketes ist das Kamishibai- Bildkartenset „Jesus wird geboren“. Die Erzählung anhand der Erzählkarten und des Kamishibais stellt sicher, dass eine gemeinsame Basis geschaffen wird, die in der Stationenarbeit vertieft werden kann.

Alle Arbeitsblätter sind grundsätzlich auch für den Gebrauch im **Distanzlernen** geeignet, sobald die Kinder die Geschichte kennen: Die Bilder können im **online-Unterricht über das eKami, das digitale Bilderbuchkino für interaktive Tafeln, Beamer oder Computer, gestreamt und erzählt** werden. Die Arbeitsblätter können gezielt für Schülerinnen und Schüler ausgesucht werden. Zum Präsentieren der Bilderserie digital: siehe Download-Code auf Seite 2.

Jesus wird geboren. Kamishibai Bildkartenset
Format: DIN A3, 12 Bildkarten, einseitig bedruckt, auf festem 300g-Karon, farbig illustriert von Petra Lefin, inkl. Textvorlage von Susanne Brandt und Klaus-Uwe Nommensen
EAN: 426017951 037 3

Folgende Vorgehensweise hat sich bewährt, kann aber angepasst werden (indem beispielsweise in einer Lerneinheit die Geschichte ausführlich erzählt und dann erst die Stationenarbeit in der nächsten Einheit folgt):

- ➜ Gemeinsamer Stuhlhalbkreis vor dem Kamishibai-Theater
- ➜ Erzählen der Geschichte
- ➜ Stationenarbeit
- ➜ Reflexion im Stuhl(halb-)kreis

(Eine genaue Erläuterung findet sich ab Seite 12)

Für die Stationenarbeit beinhaltet dieses Unterrichtspaket differenziertes Material zu den drei Stationen Memo-Spiel, Domino und Puzzle sowie Zusatzmaterial in Form von Kopiervorlagen, Ideen zum Aufbau weiterer Stationen und Gesprächsimpulsen zur gemeinsamen Reflexion.

1. Jesus wird geboren: religionspädagogische Einführung

Das Weihnachtsfest ist sicherlich das bekannteste christliche Fest. Kulturelle, religiöse, kommerzielle und traditionelle Aspekte treffen aufeinander und sind mitunter so stark miteinander verknüpft, dass sich kaum die einen von den anderen trennen lassen. Auch Menschen, die keinen Bezug zur Bibel oder zur christlichen Kirche haben, lassen sich gern auf Weihnachtsrituale ein, beschenken einander, schmücken einen Tannenbaum, haben einen Adventskalender, zünden Kerzen an oder feiern ein Familienfest. Damit ist aber nicht gesagt, dass der Ursprung des Festes jeder und jedem geläufig ist, erst recht nicht die ursprünglich dahinterstehende biblische Geschichte. Wer weiß schon, dass die Bibel nichts von den so gern in Weihnachtsbildern und Krippen auftauchenden „Ochs und Esel" berichtet? Wer hätte gedacht, dass die „Heiligen Drei Könige Kaspar, Melchior und Balthasar" weder mit ihren Namen noch als Könige in der Bibel vorgestellt werden (in Matthäus 2,1 ist lediglich die Rede von „Sterndeuter" bzw. „Weise")?

Erzählungen über Geburt und Kindheit Jesu sind in der Bibel sowohl im Matthäusevangelium (1,18–2,23) als auch im Lukasevangelium (1,5–2,52) zu finden, was dazu führt, dass die beiden Erzählungen oft miteinander verflochten werden. Matthäus erwähnt die eigentliche Geburt nur kurz, Lukas hingegen schildert diese sehr ausführlich. Matthäus berichtet wiederum ausführlich von den Sterndeutern aus dem Osten (Übersetzung der Einheitsübersetzung) bzw. Weisen aus dem Morgenland (Übersetzung der Lutherbibel), die dem Stern folgen.

Im Lukasevangelium steht die ausführliche Geschichte, die auch Grundlage unseres Bildkartensets ist:

Es lässt sich nicht zweifelsfrei klären, ob und wie die Geburt Jesu in Betlehem genau stattgefunden hat und ob Lukas die „Wahrheit" berichtet. Bei dieser Erzählung handelt es sich um eine sogenannte Personallegende. Die Erzählabsicht ist nicht die historisch korrekte und wirklichkeitsgetreue Darstellung der tatsächlich stattgefundenen Ereignisse, sondern es handelt sich um ein Glaubenszeugnis, eine Verkündigung. Die Evangelisten wollten sich nicht als Historiker verstanden wissen, sondern als Verkünder einer Glaubenswahrheit.

In der ausführlichen Schilderung der Geburt durch den Evangelisten Lukas wird dessen Absicht deutlich, Jesu Leben schon von Beginn an als besonders zu verkünden. Gottes Sohn wird nicht in einem Palast, sondern unter ärmlichsten Bedingungen in einem Stall geboren. Durch seine detaillierte Darstellung unterstreicht der Evangelist, dass es sich bei der Geburt dieses Kindes wirklich um die Geburt eines Menschen handelt: „Er war Gott gleich, hielt aber nicht daran fest, Gott gleich zu sein, sondern er entäußerte sich und wurde wie ein Sklave und den Menschen gleich. Sein Leben war das eines Menschen" (Philipperbrief 2,6–7).

Die Boten Gottes verkünden zuerst den Hirten auf dem Felde die Ankunft dieses Kindes. Auch in der Botschaft der Engel klingt es (frei übersetzt) durch: „Es ist unglaublich, aber der Retter, der Messias, ist ein Baby, das in einer Krippe liegt. Macht euch auf den Weg und seht selbst." Die Hirten erkannten die Bedeutung des Geschehens, vertrauten, machten sich auf den Weg und wurden damit zu Glaubensvorbildern.

Dass Jesus von den Hirten, den Ärmsten der Armen, als ihr König und Retter erkannt wurde, spiegelt einerseits das Verständnis, Jesus sei gerade für die Armen und Unterdrückten gekommen. Andererseits sind die Hirten auch die symbolischen Nachfahren des großen alttestamentlichen Königs David – des Hirten, der von Samuel zum König gesalbt wurde (1 Samuel 16) – was wiederum ein Verweis auf die messianische Bedeutung des Geschehens ist und die Heilsbedeutung für alle Menschen proklamiert.

„Messias" bedeutet „Gesalbter" und bezieht sich im Alten Testament auf den von Gott erwählten König, der als Zeichen dieser Erwählung mit Öl gesalbt wurde. Ob Jesus diesen Titel für sich beanspruchte, ist unklar. Belegt ist, dass seine Nachfolger ihn als den verheißenen Messias verehrten, der die Juden befreien und Gott und die Menschen versöhnen würde. Das führte dazu, dass der Name Jesus direkt mit dem Namen „Christus" (latinisierte Form von „der Gesalbte") assoziiert und damit als Beiname bzw. sogar synonym verwendet wird.

Um die Bedeutung von Jesus als den verheißenen Messias, König und Retter der Juden zu legitimieren, sind viele weitere Bezüge zum Alten Testament zu verstehen. Lukas erzählt, dass Maria ihr Kind in eine **Krippe** legt und erinnert damit an eine Bibelstelle aus dem Buch Jesaja: „Der Ochse kennt seinen Besitzer und der Esel die Krippe seines Herrn; Israel aber hat keine Erkenntnis, mein Volk hat keine Einsicht" (Jesaja 1,3). Der Geburtsort Betlehem wird von Matthäus und Lukas die **„Stadt Davids"** genannt. König David stammte aus Betlehem und alttestamentliche Verheißungen besagen, dass der Messias aus dem Hause David stammen werde: „Aber du, Betlehem-Efrata, bist zwar klein unter den Sippen Judas, aus dir wird mir einer hervorgehen, der über Israel herrschen soll." (Micha 5,1).

„Die Geburt Jesu in Bethlehem ist keine einmalige Geschichte, sondern ein Geschenk, das ewig bleibt."
Martin Luther

Zur vertiefenden Lektüre wird empfohlen:

- Müller, Peter: Kindheitserzählungen nach Lukas und Matthäus, in: Lachmann, Rainer/Adam, Gottfried/Reents, Christine, Elementare Bibeltexte. Exegetisch – systematisch – didaktisch, Theologie für Lehrerinnen und Lehrer 2, Göttingen 7. Auflage 2018, 243–258.
- Naurath, Elisabeth: Geburt Jesu/Weihnachten, in: Rothgangel, Martin/Simojoki, Henrik/Körtner, Ulrich H.J. (Hrsg.): Theologische Schlüsselbegriffe. Subjektorientiert – biblisch – systematisch – didaktisch, Theologie für Lehrerinnen und Lehrer Band 1, Göttingen 6., komplett neu erarbeitete Auflage 2019, 131–142.
- Strube, Sonja Angelika: Weihnachts- und Kindheitsgeschichten Jesu, in: Zimmermann, Mirjam/Zimmermann, Ruben (Hrsg.), Handbuch Bibeldidaktik, Tübingen 2., revidierte und erweiterte Auflage 2018, 160–165.
- Theuer, Gabriele: Geburtsgeschichten Jesu/Weihnachten, bibeldidaktisch, in: Das Wissenschaftliche Bibellexikon im Internet (www.wibilex.de), 2020

Die Geburt Jesu (Lukas 2,1–20)

1 Es geschah aber in jenen Tagen, dass Kaiser Augustus den Befehl erließ, den ganzen Erdkreis in Steuerlisten einzutragen.

2 Diese Aufzeichnung war die erste; damals war Quirinius Statthalter von Syrien.

3 Da ging jeder in seine Stadt, um sich eintragen zu lassen.

4 So zog auch Josef von der Stadt Nazaret in Galiläa hinauf nach Judäa in die Stadt Davids, die Betlehem heißt; denn er war aus dem Haus und Geschlecht Davids.

5 Er wollte sich eintragen lassen mit Maria, seiner Verlobten, die ein Kind erwartete.

6 Es geschah, als sie dort waren, da erfüllten sich die Tage, dass sie gebären sollte,

7 und sie gebar ihren Sohn, den Erstgeborenen. Sie wickelte ihn in Windeln und legte ihn in eine Krippe, weil in der Herberge kein Platz für sie war.

8 In dieser Gegend lagerten Hirten auf freiem Feld und hielten Nachtwache bei ihrer Herde.

9 Da trat ein Engel des Herrn zu ihnen und die Herrlichkeit des Herrn umstrahlte sie und sie fürchteten sich sehr.

10 Der Engel sagte zu ihnen: Fürchtet euch nicht, denn siehe, ich verkünde euch eine große Freude, die dem ganzen Volk zuteilwerden soll:

11 Heute ist euch in der Stadt Davids der Retter geboren; er ist der Christus, der Herr.

12 Und das soll euch als Zeichen dienen: Ihr werdet ein Kind finden, das, in Windeln gewickelt, in einer Krippe liegt.

13 Und plötzlich war bei dem Engel ein großes himmlisches Heer, das Gott lobte und sprach:

14 Ehre sei Gott in der Höhe und Friede auf Erden den Menschen seines Wohlgefallens.

15 Und es geschah, als die Engel von ihnen in den Himmel zurückgekehrt waren, sagten die Hirten zueinander: Lasst uns nach Betlehem gehen, um das Ereignis zu sehen, das uns der Herr kundgetan hat!

16 So eilten sie hin und fanden Maria und Josef und das Kind, das in der Krippe lag.

17 Als sie es sahen, erzählten sie von dem Wort, das ihnen über dieses Kind gesagt worden war.

18 Und alle, die es hörten, staunten über das, was ihnen von den Hirten erzählt wurde.

19 Maria aber bewahrte alle diese Worte und erwog sie in ihrem Herzen.

20 Die Hirten kehrten zurück, rühmten Gott und priesen ihn für alles, was sie gehört und gesehen hatten, so wie es ihnen gesagt worden war.

Einheitsübersetzung 2016

2. Die Botschaft der Bilder

Das diesem Arbeitsmaterial zugrundeliegende Bildkartenset illustriert die Geburtsgeschichte Jesu, wie sie im Lukasevangelium aufgeschrieben ist. Es konzentriert die Weihnachtsgeschichte auf das Wesentliche, auf den Kern der biblischen Erzählung. In ruhigen Bildern, mit wenigen Bildelementen ohne überflüssige Ausschmückungen und mit aussagekräftigen Farben wird die Geschichte entfaltet. Die Engelerscheinung auf dem Feld wird ab Bild 7 durch die Ankunft der Hirten am Stall thematisiert.

Erweitert wird die Illustration des biblischen Textes um Bild 10, das eine didaktische Funktion übernimmt und den biblischen Text vertiefen soll (Und ein dritter Hirte fügt nachdenklich hinzu: „Ich stelle mir das so vor ..."): Die Hirten auf dem Feld sehen in Jesus ihren „guten Hirten", der die Welt retten wird. Hier wird deutlich, was die Geburt für die Hirten und damit auch für alle Menschen bedeuten kann und soll. Indem das Bild die Hoffnungen der Hirten visualisiert, hilft es den Kindern, die Bedeutung der Weihnachtsgeschichte zu erfassen.

Diese **Hoffnung der Hirten auf Frieden** und Freiheit ist universal zu verstehen. Sie impliziert eine allumfassende Erlösung – nicht nur bezogen auf die damalige Unterdrückung der Juden zur Zeit Jesu. Hier konzentriert sich die Sehnsucht nach „Heilung" der Welt im ganzheitlichen Sinne, weit über materielle Dinge hinaus.

Der Evangelist Lukas nimmt uns mit hinein in diese Hoffnung und versichert uns: Jesus ist der Retter, der Messias, der, auf den wir hoffen dürfen. Durch die Identifikation mit den Hirten hören die Zuhörer der Geschichte die Botschaft des Engels und des himmlischen Heeres, die allen Menschen gelten soll:

„Fürchtet euch nicht, denn siehe, ich verkünde euch eine große Freude, die dem ganzen Volk zuteilwerden soll: Heute ist euch in der Stadt Davids der Retter geboren; er ist der Christus, der Herr. Und das soll euch als Zeichen dienen: Ihr werdet ein Kind finden, das, in Windeln gewickelt, in einer Krippe liegt. Und plötzlich war bei dem Engel ein großes himmlisches Heer, das Gott lobte und sprach: Ehre sei Gott in der Höhe und Friede auf Erden den Menschen seines Wohlgefallens." (Lk 2,10–14)

Die Vorstellung von Gott bzw. Jesus als dem guten Hirten ist schon im Alten Testament angelegt (z.B. Psalm 23: „Der HERR ist mein Hirt, nichts wird mir fehlen ...;" Ezechiel 34,23–24: „Ich werde über sie einen einzigen Hirten einsetzen, der sie weiden wird, meinen Knecht David. Er ist es, der sie weiden wird. Er ist es, der für sie Hirt sein wird. Ich selbst, der HERR, werde für sie Gott sein und mein Knecht David wird Fürst sein in ihrer Mitte. Ich, der HERR, ich habe gesprochen") und wird im Neuen Testament immer wieder aufgenommen (z.B. Johannes 10,14–15: „Ich bin der gute Hirt; ich kenne die Meinen und die Meinen kennen mich, wie mich der Vater kennt und ich den Vater kenne; und ich gebe mein Leben hin für die Schafe").

Im Unterschied zur heutigen Zeit waren die gedanklichen Verknüpfungen mit dem Beruf des Hirten zur damaligen Zeit präsent. In jedem Dorf gab es Hirten, ihre Aufgaben waren bekannt. Heutzutage sind diese Voraussetzungen nicht mehr gegeben; Kinder verbinden kaum etwas mit dem Begriff, sodass es ein grundlegendes Anliegen sein muss, Anknüpfungspunkte zu bieten und ein Verständnis für das Leben und die Aufgaben eines Hirten anzubahnen.

Das Erscheinen des hellen Lichts in der Nacht betont nicht nur die Dimension des Geschehens, es ist auch symbolisch zu deuten. Schon im Alten Testament bei Jesaja heißt es: „Das Volk, das in der Finsternis ging, sah ein helles Licht; über denen, die im Land des Todesschattens wohnten, strahlte ein Licht auf" (Jesaja 9,1). Insofern liegt es nahe, sich auf unterschiedliche Weise kreativ mit Licht und Dunkelheit auseinanderzusetzen.

Seht wir Hirten kommen

Text und Melodie: Heinricht Christian Rust

Kanon: Licht bricht durch in die Dunkelheit

Text und Musik: aus Afrika, dt. Text: Eckart Bücken, musikalische Bearbeitung: Reinhard Horn

3. Konzeption des Materials

Differenzierte Spielstationen für mehr Lernchancen und Kompetenzzuwachs

Die differenzierten Spielstationen Memo-Spiel, Domino und Puzzle bieten **vielfältige Lernchancen**, sind **selbsterklärend**, **einfach im Aufbau** und haben einen **hohen Aufforderungscharakter**.

Im Vordergrund steht das **schüleraktivierende** und **motivierende** Material, das zu **eigenaktiver** und **handlungsorientierter** Vertiefung der Erzählung herausfordert.

Entsprechend der Lerngruppe kann das Material ausgewählt und angepasst werden, da bei dem Memo-Spiel und dem Domino drei verschiedene Schwierigkeitsstufen möglich sind, von denen man alle nutzen kann, aber nicht muss.

Durch die Gestaltung als Partner- oder Gruppenarbeit wird **soziales** und **kooperatives** Lernen unterstützt, das Material lässt aber auch Einzelarbeit zu. Klare Regeln und beigelegte Arbeitsanweisungen lassen die Kinder weitgehend **selbstständig arbeiten** und führen zu **eigenverantwortlichem Lernen** und **Kompetenzzuwachs**.

Nicht zuletzt wird das sinnentnehmende Lesen durch kindgerechte Wortwahl und **einfachen Satzbau** gefördert. Die Kombination mit Bild, Schlüsselwörtern und Text führt zu intensiverer Auseinandersetzung und bahnt eine **religiöse Sprachfähigkeit** an. Weitere Stationsangebo-

Domino in drei verschiedenen Schwierigkeitsstufen

te, die im Zusatzmaterial zu finden sind, vertiefen diesen sprachsensiblen Ansatz (z.B. „Suchsel" oder „Was uns die Bibel erzählt" im Zusatzmaterial, Seite 26ff. und 39).

Bewertungsprinzip

Die Stationenarbeit soll nicht zu einem hastigen und oberflächlichen „Abhaken" von möglichst vielen Stationen führen oder Kinder unter Leistungsdruck setzen. Es ist daher von der Lehrkraft deutlich zu betonen, dass der Lernertrag nicht von dem Erledigen vieler oder gar aller Stationen abhängt, wie es sonst oft der Fall ist. Die Konzeption des Materials soll ermöglichen, ganz individuell zu arbeiten und trotzdem – oder vielleicht auch gerade dadurch – wichtige Kompetenzen zu erwerben.

Es ist nicht vorgesehen, erledigte Stationen nachweisen zu müssen – Quantität ist nicht mit Qualität gleichzusetzen –, somit gibt es keine Form von „Laufzettel". Das Lernen wird dadurch in dieser Phase zum Teil in die Verantwortung der Lernenden gelegt und die **Lehrkraft in die Rolle des Lernbegleitenden** versetzt. Während der Gruppenarbeit bleibt der Lehrkraft auch Zeit, prozessorientierte Beobachtungen zu machen, die in der Reflexion ggf. gezielt angesprochen werden können.

Im gemeinsamen Reflektieren über Lernprozesse und Lerninhalte zeigt sich, inwieweit sich die Kinder mit den Geschehnissen der Erzählungen auseinandergesetzt haben. Daher gibt es für die Reflexionsphase gezielte Hilfen in Form von Visualisierungen und Satzanfängen. Zum Bildkartenset gibt es zudem „Weiter-Denk-Impulse".

Neben der Förderung von **fachlichen Kompetenzen** (Kenntnis der biblischen Erzählung als Textgrundlage, fachsprachliche Kompetenz), die in dem Materialpaket im Vordergrund stehen, bereichern **soziale Kompetenzen** (gemeinsames Spielen, Einhalten von Regeln, sich im Team oder mit den Mitspielerinnen und Mitspielern auseinandersetzen) und **Methodenkompetenz** (Memo-Spiel, Domino, Puzzle als Stationenarbeit, eigenverantwortliches Lernen und Präsentieren) den Lernprozess. Hinzu kommt die **Förderung von Kommunikations- und Selbsteinschätzungsfähigkeit**.

Abschließend befindet sich in dem thematischen Zusatzmaterial ein Quiz, das inhaltliche Aspekte aufgreift und als Rückmeldung über den Lernverlauf genutzt werden kann.

Besondere Anforderungen im inklusiven Kontext

Für das Gelingen der Inklusion sind verschiedene Faktoren ausschlaggebend. Einer der wichtigsten Aspekte ist allerdings, Lehrkräften geeignetes Material zur Verfügung zu stellen, das gemeinsames Arbeiten unterstützt.

Ausgangspunkt und damit gemeinsamer Lerngegenstand ist in diesem Materialpaket „Jesus wird geboren" das entsprechende Bildkartenset „Jesus

Das vorliegende Material ist so gestaltet, dass alle Kinder gemeinsam unterrichtet werden können, weitgehend unabhängig von ihrer körperlichen und kognitiven Leistungsfähigkeit. Jedes Kind findet Anknüpfungspunkte, an denen es sich das Thema erschließen kann. Dabei entsteht kein zeitlicher Druck, etwas in einer bestimmten Zeit erreicht oder fertiggestellt haben zu müssen.

wird geboren“ und die biblische Geschichte, die an verschiedenen Stationen auf verschiedenen Niveaustufen entfaltet und vertieft wird. Sie bleibt für alle zentral, als Anker, als gemeinschaftsstiftender Inhalt und Rahmen. Das „Wir“ steht ganz deutlich im Mittelpunkt, was durch den gemeinsamen Einstieg sowie durch die abschließende Schlussrunde unterstrichen wird. Im Begleitmaterial vorgeschlagene Lieder (siehe Seite 11) runden die Unterrichtskonzeption ab.

Die Auswahl der **Schlüsselwörter, Texte und Arbeitsanweisungen** sind bewusst in einfachen Worten gehalten und werden **mit Symbolen ergänzt**, um alle Kinder beteiligen zu können. Für starke Lerngruppen können darüber hinaus in den Zusatzmaterialien auch herausfordernde **„Weiter-Denk-Aufgaben“** gefunden werden.

Unterstützend ist weiterhin der ritualisierte Charakter durch wiederkehrende methodische Formen, feste Regeln und klare Aufteilung mit großem Freiraum zum eigenständigen Lernen. Auch beim späteren Wiederholen der biblischen Geschichte und Arbeiten können neue Stationen mit bekannten ergänzt und so den heterogenen Lerngruppen gerecht werden.

Der beigelegte **Leporello** (siehe Seite 21) ist als visueller Anker für jedes Kind eine individuelle Hilfe, Aufgaben zu bearbeiten.

Variationen im Materialgebrauch

Anpassung der Anzahl von Kärtchen bei Memo-Spiel, Änderung der Spielregeln, Betonung der Sprachbewusstheit zum Beispiel durch Beschreibungen von Bildern, Bilddiktate, Lesespiele usw. lassen eine große Bandbreite der Arbeit mit dem Material auch über den Gebrauch als Stationenmaterial hinaus zu.

Beispiele zur Kleingruppenarbeit mit dem Memo-Spiel:

- Alle Bildkarten werden aufgedeckt, wobei jedes Bild nur einmal verwendet wird. Die Bildkarten werden in die richtige Reihenfolge gebracht. Selbstkontrolle erfolgt mithilfe des Leporellos.
- Alle Bildkarten werden aufgedeckt, dazu die 11 Textkärtchen. Die Bild- und Textkarten werden richtig zugeordnet und in die richtige Reihenfolge gebracht. Selbstkontrolle erfolgt mithilfe des Leporellos.
- Die Bildpaare werden in zwei Stapel aufgeteilt. Die eine Hälfte wird offen hingelegt, der zweite Stapel bleibt aufeinandergelegt und verdeckt. Ein Kind nimmt ein Bild und beschreibt es mit einem Satz. Die anderen Kinder versuchen der Reihe nach, das passende Bild zu finden. Wird es nicht gefunden, kann ein weiterer Satz formuliert werden. Wer das Bild findet, darf als nächstes beschreiben.
- Nur eine Bildkarte wird aufgedeckt. Die Kinder sollen einen Satz dazu bilden, wobei aber jeder der Reihe nach nur ein Wort sagen darf: **Auf – Auf diesem – Auf diesem Bild – Auf diesem Bild steht – Auf diesem Bild steht Maria** – usw. Wer den Satz beendet, darf das nächste Kärtchen auswählen.

Alle Stationen können in Partner- oder Gruppenarbeit bearbeitet werden und sind weitgehend ohne vorherige Auf- oder Einteilung möglich, da es keine vorgeschriebenen Gruppengrößen gibt.

Tischpäckchen

Das gesamte Arbeitsmaterial für eine Station befindet sich in den Tischpäckchen, einer Verpackung, in der sich alle Materialien für die betreffende Station befinden. Es wird vor dem ersten Gebrauch von der Lehrkraft gepackt.

Das beiliegende Material ist vorperforiert und eignet sich zum sofortigen Gebrauch. Je nach Schülergruppe kann das Material zusätzlich laminiert werden.

Für die Stationenarbeit muss das Päckchen dann nur noch auf den Tisch gelegt werden, die Stationenkarte aufgestellt und das Material bereitgelegt werden. Die Kinder räumen ihre Station am Schluss wieder ein, sodass kein zusätzliches Sortieren oder erneutes Packen nötig ist.

4. Gestaltung der Stationenarbeit

Vorbereitung und allgemeine Hinweise

- Die Stationen werden in der Regel an Gruppentischen aufgebaut.
- Die Sitzordnung der Klasse wird für diese Lerneinheit aufgelöst.
- Das Material der Tischpäckchen wird auf die jeweiligen Tische verteilt. Zum Erklärungstext für die Lehrkraft siehe Seite 18ff.
- Die Stationen werden zu Beginn erklärt, die Regeln werden besprochen und für alle sichtbar aufgehängt.
- Die Kinder können frei wählen. Alle Stationen sind in der Regel sowohl in Einzel-, Partner- als auch in Gruppenarbeit zu bearbeiten.
- Nicht alle Stationen müssen bearbeitet werden.
- Es gibt keinen Plan, nachdem alle Stationen „abgehakt" werden müssen.
- Es gibt keine „Pflichtstationen".
- Lösungsblätter für Zusatzstationen werden an der Station oder an einem festgelegten Platz (z.B. hinter der Tafel) zugänglich gemacht.

Ablaufvorschlag

- Vorbereitung des Klassenraums durch die Lehrkraft
- Beginn im Stuhl(halb-)kreis mit einem Lied (siehe Liedvorschläge Seite 11f.)
- Erklärung des Unterrichtsablaufs anhand der Stundentransparenz (siehe Seite 17)
- Erzählung der Geschichte „Jesus wird geboren" mit den Kamishibai-Bildkarten (oder als Bilderbuchkino-Version): Die Kinder werden altersentsprechend einbezogen. Ist die Erzählung bekannt, können die Kinder auch weitgehend selbstständig die Erzählung präsentieren.
- Erläuterung des Stationenlernens mithilfe der Regelkarte (siehe Seite 17). Die Regelkarte wird sichtbar aufgehängt.
- Beginn des Stationenlernens
- Akustisches Signal zum Beenden der Stationenarbeit „in wenigen Minuten" – abhängig von der Lerngruppe.
- Einspielen eines „Aufräumliedes" und gemeinsames Aufräumen
- Versammlung im Stuhl(halb-)kreis vor einem Bild des Kamishibais zur Reflexion

Gestaltungshilfen

Regelkarte

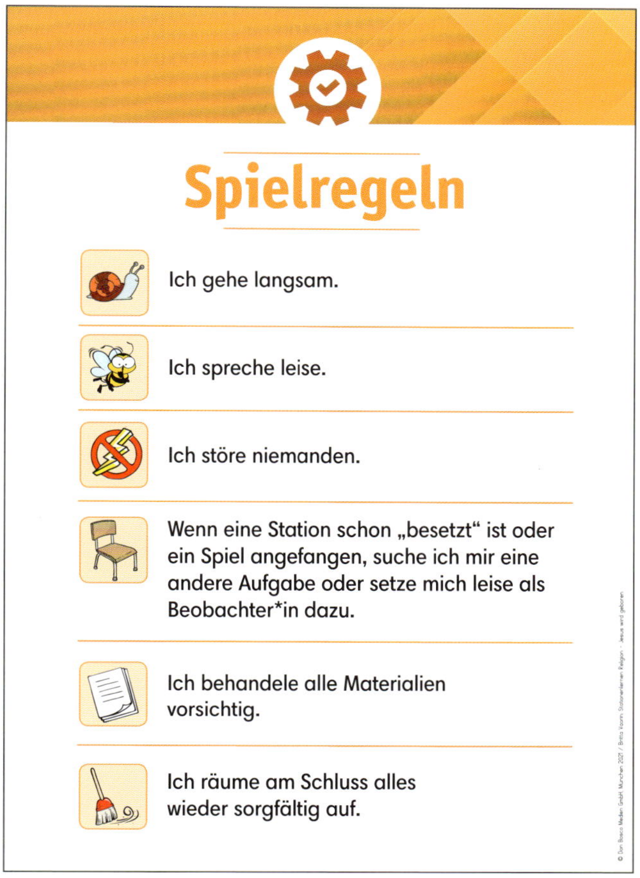
Spielregeln

Ich gehe langsam.

Ich spreche leise.

Ich störe niemanden.

Wenn eine Station schon „besetzt“ ist oder ein Spiel angefangen, suche ich mir eine andere Aufgabe oder setze mich leise als Beobachter*in dazu.

Ich behandele alle Materialien vorsichtig.

Ich räume am Schluss alles wieder sorgfältig auf.

Stundentransparenz

Der visualisierte Stundenablauf dient den Schülerinnen und Schülern als Orientierung:

Visuelle Reflexionshilfen

Die folgenden Formen können als visuelle Impulse in den Mittelkreis gelegt werden und sollen die Kinder anregen, sich zu äußern. Jede Lehrkraft kann die Satzstreifen individuell auswählen, ergänzen und an das Niveau ihrer Lerngruppe anpassen.

5. Zu den Stationskarten und Tischpäckchen

Tischpäckchen 1: Memo-Spiel

Das Tischpäckchen enthält alle Materialien, die zu Station 1 gehören und auf dem ersten Tisch liegen müssen:

➜ Stationskarte zur Orientierung (wird zu Beginn der Stationenarbeit aufgestellt) mit der Erklärung für Kinder auf der Rückseite

➜ Material Memo-Spiel

Das Material ist dreifach differenziert und an den unterschiedlichen Rückseiten der Karten erkennbar.

Memo-Spiel Spielanleitung

➜ Spiel empfohlen für bis zu 4 Spieler

Ablauf:

- Ein Kind mischt die Karten und legt sie mit der Bildseite nach unten auf den Tisch. Auch Textkarten werden mit der Textseite nach unten gelegt.
- Es geht darum, zusammengehörende Paare zu finden, entweder gleiche Bilder oder die passende Bild- und Textkarte.
- Das erste Kind hebt zwei Karten auf und legt sie umgedreht auf den Tisch.
- Wenn sie zusammenpassen, darf das Kind die Kärtchen aufnehmen und behalten. Das Kind ist weiter an der Reihe.
- Wenn sie nicht zusammenpassen, müssen sie wieder umgedreht **an dieselbe Stelle** gelegt werden und das nächste Kind ist an der Reihe. Alle Kinder merken sich den Platz der Karten.
- Gewonnen hat, wer am Ende die meisten Paare hat.

Zusätzliche Differenzierung:

- Anzahl der Paare reduzieren.

Tischpäckchen 2: Domino

Das Tischpäckchen enthält alle Materialien, die zu Station 2 gehören und auf einem zweiten Tisch liegen müssen:

➜ **Stationskarte 2 zur Orientierung (wird zu Beginn der Stationenarbeit aufgestellt) mit der Erklärung für Kinder auf der Rückseite**

➜ **Material Domino und Leporello**

Das Material ist dreifach differenziert und an den unterschiedlichen Rückseiten der Karten erkennbar.

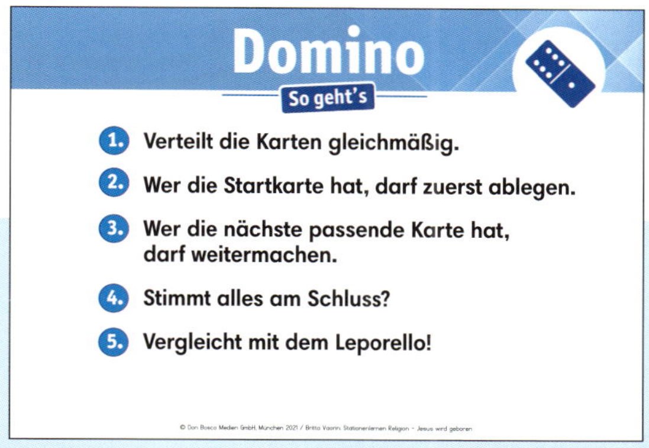

Domino Spielanleitung

➜ **Spiel empfohlen für bis zu 3 Spieler**

Es handelt sich nicht um ein Wettspiel.
Es geht um das gemeinsame Erreichen der richtigen Lösung.

Ablauf:

- Ein Kind verteilt die Karten gleichmäßig. Die Karten werden auf die Hand genommen.
- Das Kind mit dem Startkärtchen („Hier beginnt die Geschichte ...“) liest vor, was darauf steht oder beschreibt das Bild.
- Das Kind mit dem passenden Bild legt die Karte an und beschreibt das nächste Bild oder liest den nächsten Text, je nach Differenzierungsstufe.

Spiel in der Klasse:

- Jedes Kind erhält eine Karte.
- Der oder die Lernende mit dem Startkärtchen liest vor, was darauf steht und stellt sich hin.
- Wer glaubt, die Karte zu haben, die sich daran anschließt, stellt sich daneben und verfährt ebenso. So geht es weiter, bis die Inhalte in die richtige Reihenfolge gebracht sind und die Kinder in einer Reihe stehen.
- Die Kontrolle ergibt sich, indem das letzte Kärtchen (mit dem Ende „Das war die Geschichte ...“) richtig hinzugefügt wird oder anhand des Leporellos, mit dem verglichen werden kann.

Ein Überblick über die gesamte Bildfolge ist sinnvoll: Mithilfe des von den Kindern selbst gebastelten Leporellos (über die Kopiervorlage Seite 21) können einzelne Stationen bzw. Arbeitsblätter selbstständig gut bearbeitet werden.

Tischpäckchen 3: Puzzle

Das Tischpäckchen enthält alle Materialien, die zu Station 3 gehören und auf einem dritten Tisch liegen müssen:

→ **Stationskarte zur Orientierung (wird zu Beginn der Stationenarbeit aufgestellt) mit der Erklärung für Kinder auf der Rückseite**

→ **Material Puzzle**

Das Material ist dreifach differenziert und an den unterschiedlichen Rückseiten der Puzzleteile erkennbar.

Puzzle Spielanleitung

- Es gibt drei Bilder, die individuell als Puzzle zugeschnitten werden können. Entsprechend der Lerngruppe können mehr oder weniger Teile geschnitten werden. Der Schwierigkeitsgrad sollte unterschiedlich sein. Auf jeder Rückseite ist ein Vorschlag aufgedruckt, wie das Bild auseinandergeschnitten werden könnte. Die Vorschläge sind jedoch je nach Lerngruppe anpassbar, so können z.B. einzelne Rechtecke zusätzlich in Dreiecke zerschnitten werden.
- Die Lösung kann am Leporello (siehe Materialkarte bzw. Kopiervorlage Seite 21) verglichen werden.
- Die Puzzles können in Einzel-, Partner- oder Gruppenarbeit bearbeitet werden.

Jesus wird geboren

Maria, Josef und der Esel

Maria bekommt ein Kind. Sie reitet auf dem Esel nach Betlehem. Josef ist bei ihr.

Römische Soldaten

Die römischen Soldaten sagen: Geht sofort nach Betlehem. Ihr dürft nicht warten.

Josef sucht eine Herberge.

Maria und Josef kommen nach Betlehem. Josef klopft an die Türen. Er sucht eine Herberge. Maria ist müde.

Maria und Josef gehen in den Stall.

Maria und Josef dürfen im Stall schlafen. Sie sind froh. Es ist warm und trocken.

Josef sitzt bei Maria.

Maria wird wach. Sie ruft Josef. Maria merkt, dass sie jetzt das Kind bekommt.

Maria hat Jesus im Arm.

Nun ist das Kind da! Maria hält es im Arm. Es soll Jesus heißen.

Die Hirten kommen.

Die Tür geht auf. Die Hirten schauen herein. Auch die Schafe sind dabei.

Die Hirten knien bei Jesus.

Die Hirten kommen leise herein. Sie knien bei Jesus. Sie schauen das Kind an.

Die Hirten erzählen vom Licht.

Ein Engel spricht zu den Hirten. Er erzählt ihnen von der Geburt von Jesus.

Jesus wird ein guter Hirte sein.

Die Hirten erzählen: Wenn Jesus einmal groß ist, dann wird er ein guter Hirte sein. Er wird sich um

Maria, Josef und Jesus sind glücklich.

Maria und Josef schauen Jesus an. Sie sind glücklich. Sie freuen sich, dass Jesus nun auf der

Bitte hier kleben!

Bitte hier kleben!

6. Vertiefende Angebote (Arbeitsblätter)

Die folgenden Angebote können sowohl zur Gestaltung weiterer Stationen verwendet oder im Klassenverband bearbeitet werden. Für die Verwendung als Zusatzstationen können weitere Stationenkarten kopiert und handschriftlich ergänzt werden. Es ist dann aber sinnvoll, vor der Stationenarbeit im Stuhlkreis allen Kindern gemeinsam die einzelnen Stationen und das Material zu erklären, bevor sie alleine an den Stationen arbeiten.

Die Arbeitsblätter sind differenziert und so für verschiedene Lerngruppen geeignet. Die Lehrkraft kann auf das entsprechende Arbeitsblatt in das Feld rechts oben die Schwierigkeitsstufe eintragen, wie sie den Schülerinnen und Schülern vertraut sind.

Die Lösungen zu einzelnen Arbeitsblättern sind auch über den Download-Code auf Seite 2 zum Ausdrucken verfügbar.

Jesus wird geboren

Erzähle zu den Bildern in eigenen Worten!

Zu welchem Bild möchtest du noch etwas erzählen? Male und schreibe!

Jesus wird geboren

Schneide aus, ordne zu und klebe auf!

Josef sucht eine Herberge.

Maria, Josef und der Esel

Die Hirten erzählen vom Licht.

Maria, Josef und Jesus sind glücklich.

Die Hirten kommen.

Maria hat Jesus im Arm.

Jesus wird geboren

Schneide aus, ordne zu und klebe auf!

Die Hirten erzählen vom Licht.
Ein Engel ist gekommen. Er hat
ihnen von Jesus erzählt.

Maria und Josef schauen
Jesus an. Sie sind glücklich.
Sie freuen sich, dass Jesus
nun auf der Welt ist.
Bald wird es den Menschen
besser gehen.

Maria bekommt ein Kind.
Sie reitet auf dem Esel nach
Betlehem. Josef ist bei ihr.

Nun ist das Kind da!
Maria hält es im Arm.
Es soll Jesus heißen.

Maria und Josef kommen
nach Betlehem.
Josef klopft an die Türen.
Er sucht eine Herberge.
Maria ist müde.

Die Tür geht auf.
Die Hirten schauen herein.
Auch die Schafe sind dabei.

Suchsel: Die Geburt Jesu

Finde die Wörter MARIA, JOSEF, JESUS und STALL!

T	U	Z	Q	S	U	P	H	R	Y
A	Q	J	Y	H	I	M	Q	F	A
Y	D	X	S	T	A	L	L	J	F
I	R	K	C	C	G	R	R	E	Q
U	L	Ü	V	E	L	V	T	S	O
V	Ö	M	N	J	S	R	O	U	W
X	R	A	Q	H	O	U	P	S	C
N	I	R	S	G	Z	S	L	Q	I
G	A	I	B	N	O	R	E	Q	P
B	X	A	E	X	Ä	X	E	F	S

Suchsel: Die Geburt Jesu

Finde die versteckten Wörter!

Markiere sie mit hellen Buntstiften!

L	E	S	N	G	K	O	H	G	S	L	B	S	L
J	E	S	U	S	K	B	K	I	N	D	E	T	N
Y	J	S	R	H	O	N	A	J	H	T	T	E	T
Q	D	C	H	A	O	Y	N	L	B	X	L	R	T
M	L	H	I	K	E	S	E	L	R	D	E	N	K
S	T	A	K	E	O	H	G	N	M	B	H	N	R
T	C	F	L	Y	L	I	E	H	A	P	E	C	I
A	K	I	V	W	P	R	H	E	R	C	M	S	P
L	L	Ö	Z	E	X	T	L	R	I	H	S	N	P
L	I	K	G	P	C	E	H	B	A	H	V	E	E
M	N	A	C	H	T	N	U	E	H	E	V	N	S
X	S	G	J	O	S	E	F	R	Q	L	J	G	K
I	S	C	Z	B	U	R	S	G	M	D	G	E	T
F	O	I	T	H	U	M	K	E	H	R	N	L	U

Diese Wörter sind versteckt:

1. MARIA
2. JOSEF
3. JESUS
4. STALL
5. ENGEL
6. HIRTEN
7. BETLEHEM
8. SCHAF
9. HERBERGE
10. KRIPPE
11. ESEL
12. KIND
13. STERN
14. NACHT

Suchsel: Die Geburt Jesu

Finde die versteckten Wörter!

Markiere sie mit hellen Buntstiften!

Q	L	O	T	S	I	E	H	E	V	I	V	Y	A	A	L	Y	E
U	N	F	S	T	E	R	N	U	A	Z	V	S	R	K	R	A	P
E	A	K	I	N	D	S	T	Q	T	J	B	M	E	R	O	Z	W
S	U	G	E	G	S	C	P	Y	T	N	G	U	T	I	H	F	B
E	L	I	S	C	K	H	W	E	H	H	H	S	T	P	P	Y	X
L	F	P	G	Q	J	A	X	B	B	T	Q	I	E	P	D	M	V
G	Z	E	X	N	O	F	L	W	T	M	W	K	R	E	S	A	Q
Y	G	N	F	C	S	W	D	E	G	M	F	F	I	G	U	R	D
I	V	G	P	Q	E	E	S	I	E	K	K	N	D	N	S	I	J
I	F	E	K	C	F	W	V	H	B	B	T	H	D	C	Y	A	E
P	M	L	I	A	S	O	R	N	U	E	N	W	N	H	M	F	S
J	H	X	W	F	H	M	A	A	R	T	C	L	A	E	W	S	U
U	W	G	I	R	I	F	Y	C	T	L	F	S	C	R	P	G	S
D	B	D	N	I	R	I	N	H	G	E	F	T	H	B	J	S	M
V	O	W	D	E	T	F	H	T	B	H	B	A	T	E	R	I	C
L	D	A	E	D	E	R	U	E	J	E	N	L	E	R	S	K	H
T	V	G	L	E	N	H	B	N	I	M	E	L	B	G	W	S	S
P	D	Y	N	N	X	B	H	Z	D	X	J	U	G	E	T	K	F

Diese Wörter sind versteckt:

1. Maria
2. Josef
3. Jesus
4. Stall
5. Engel
6. Hirten
7. Betlehem
8. Schaf
9. Herberge
10. Krippe
11. Esel
12. Kind
13. Frieden
14. Retter
15. Musik
16. Windeln
17. Nacht
18. Stern
19. Weihnachten
20. Geburt

Maria und Josef suchen eine Herberge

Finde einen Weg durch Betlehem zum Stall! Male an.

Jesus wird geboren

Male das Bild in passenden Farben an!

Kannst du das Rätsel lösen?

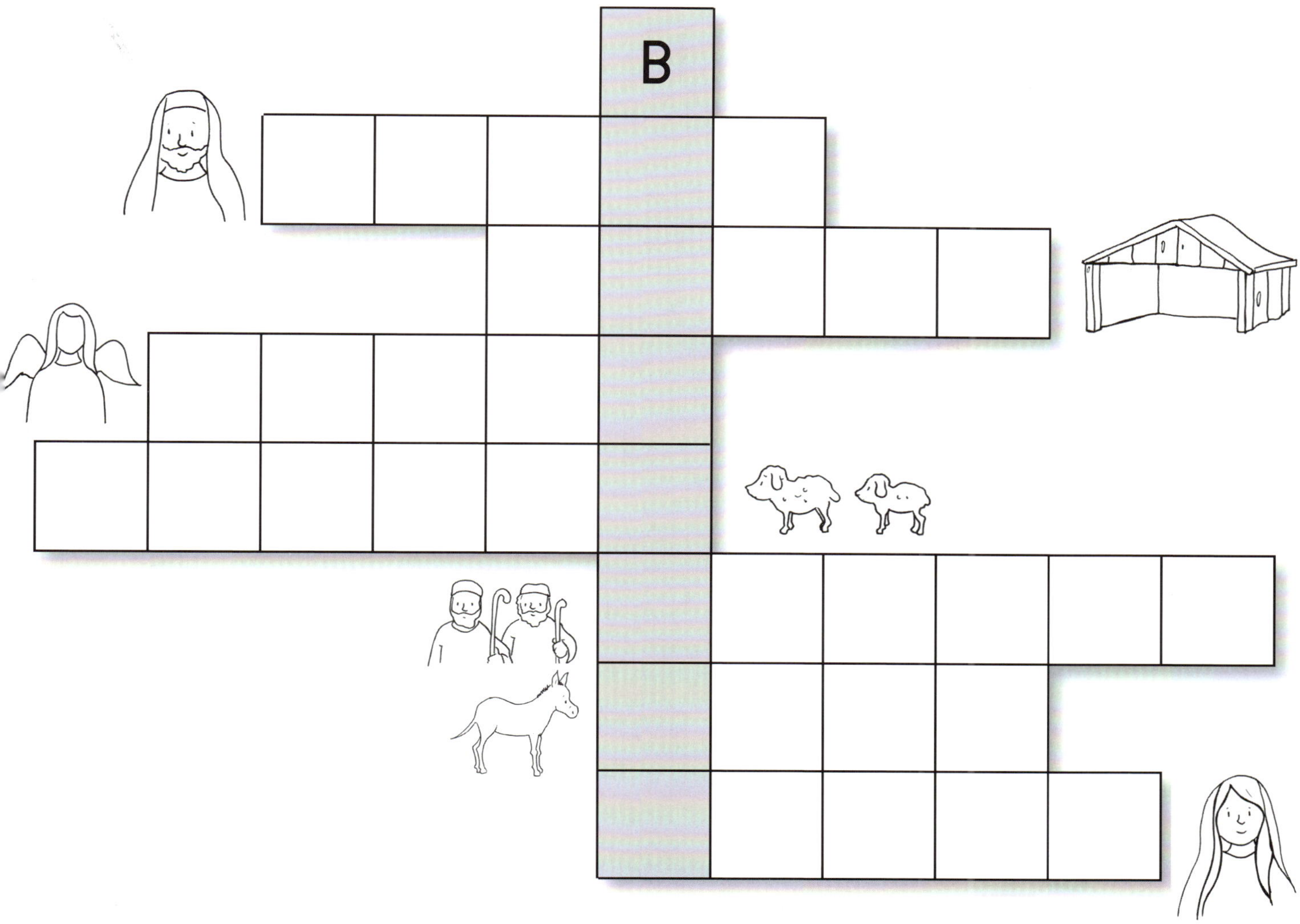

De Buchstaben untereinander ergeben das Lösungswort:

Kannst du das Rätsel lösen?

5

13

14

4

8

3

6

7

1

12

11

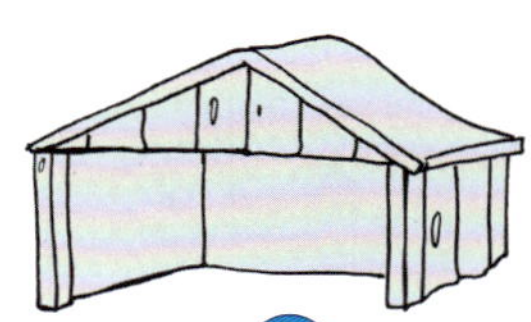

2

10

9

Der Lösungssatz:

A B C D E F   G H I J

Kannst du das Rätsel lösen?

1. Die Mutter von Jesus heißt . . .
2. . . . heißt Marias Mann.
3. . . . ist der Sohn Gottes.
4. Jesus wird in einem . . . geboren.
5. Der . . . sagt: „Euch ist heute der Retter geboren."
6. Auf dem Feld hüten . . . ihre Schafe.
7. . . . fressen Gras und leben in einer Herde.
8. Zur Zeit Jesu nannte man ein Hotel eine . . .
9. Weil kein Bett im Stall war, legte Maria Jesus in eine . . .
10. Im Stall standen ein Ochs und ein . . .
11. Ein Mensch, der noch nicht erwachsen ist.
12. Ein heller . . . zeigte den drei Weisen den Weg zum Stall von Betlehem.
13. Nicht nur am Tag, auch in der . . . hüteten die Hirten ihre Schafe auf dem Feld.
14. Stadt, in die Maria und Josef reisten.

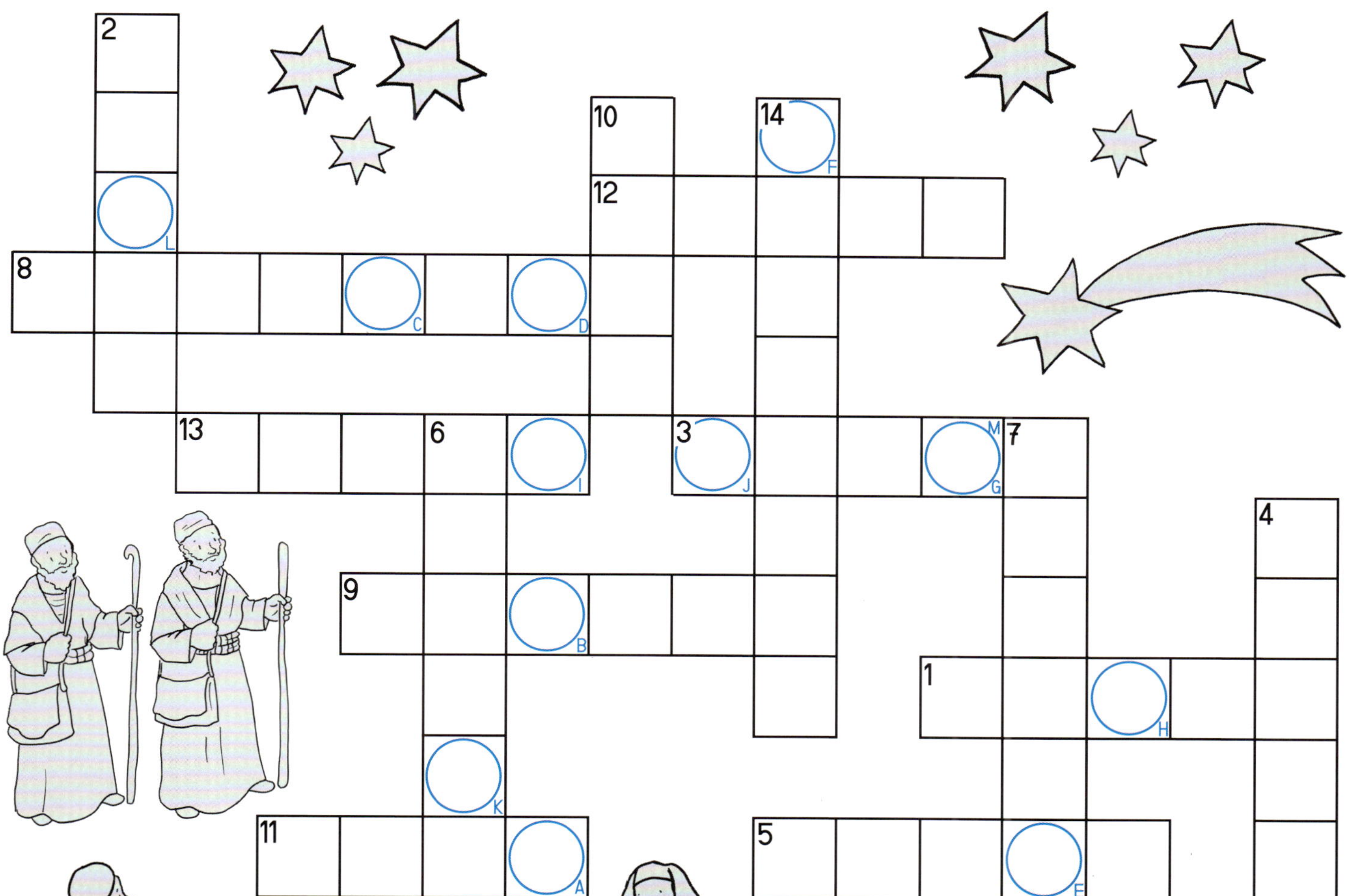

Das Lösungswort:

A B C D E F G H I J K L M

Die Botschaft des Engels

Male an!

Die Botschaft des Engels

Was sagt der Engel den Hirten?

Bringe die Buchstaben in die richtige Reihenfolge.
Schreibe die Worte in die Wolke!

c u F n t ü r c e c h t i e t h h

Minibuch „Jesus wird geboren“

Schneide aus und falte nach Anleitung!

Schreibe zu den einzelnen Bildern etwas oder male passende Farben unter die Bilder!

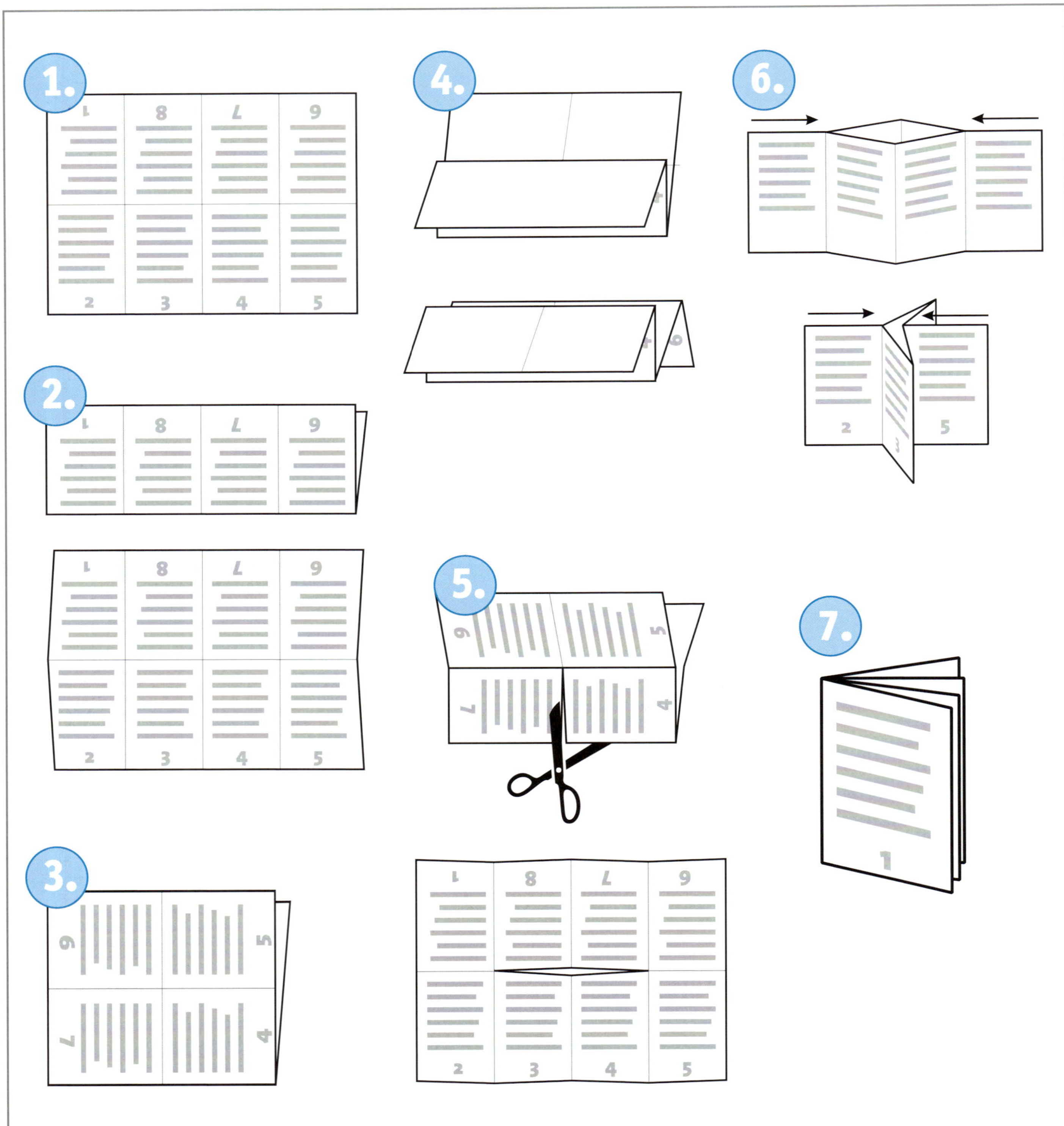

Jesus wird geboren

Name ....

Was stimmt da nicht?

Schau das Bild an. Was gab es damals nicht in Betlehem?
Finde die 10 Fehler!

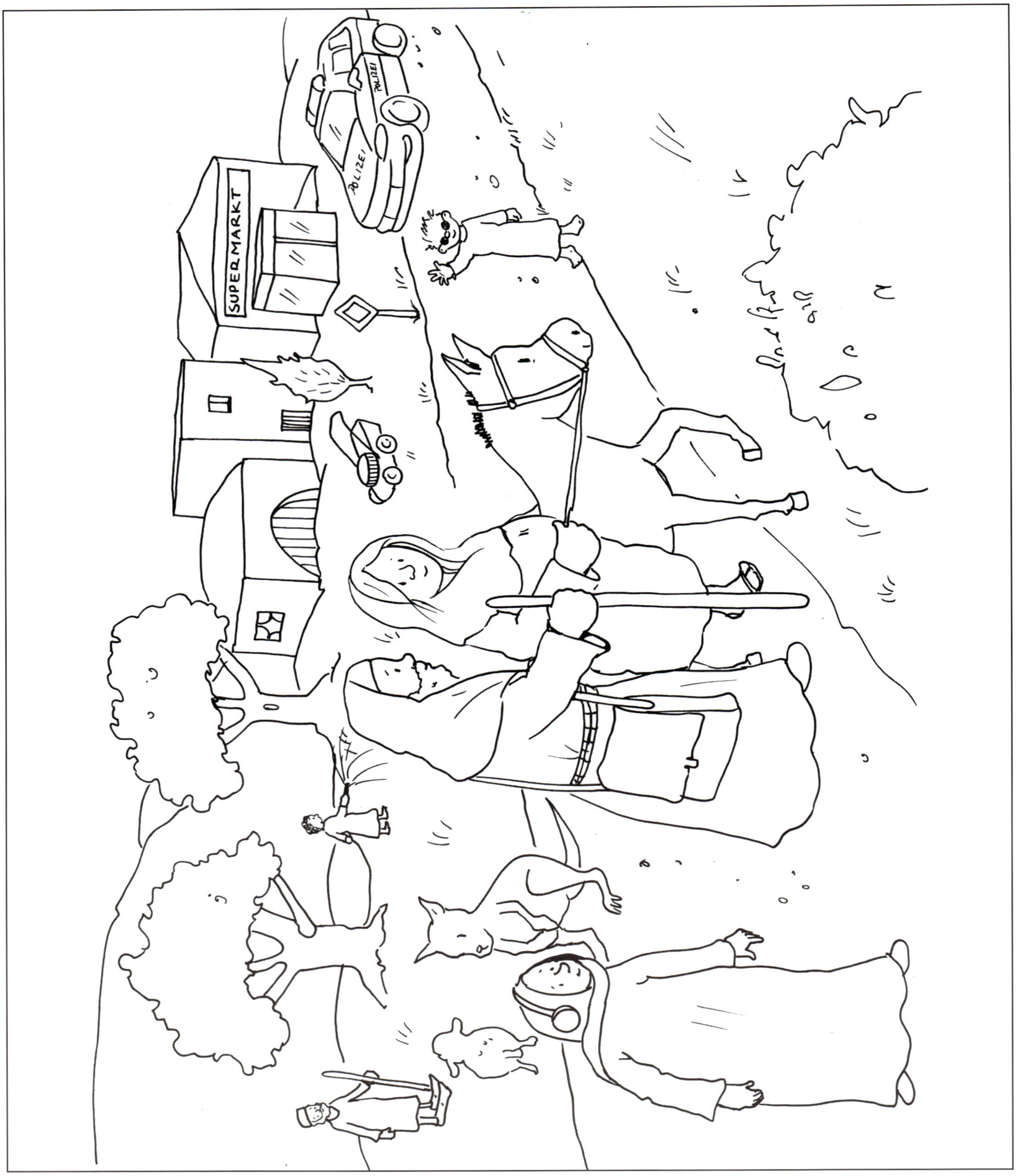

Was uns die Bibel erzählt: Jesus wird geboren

Schneide aus, ordne die passenden Schriftrollen zu und klebe sie zusammen!

Maria und Josef	Die Hirten auf dem Feld
Maria war	Ein Engel sprach zu ihnen:
Sie suchten	Die Hirten gingen
Sie durften	Sie fanden dort
Maria bekam dort	

eine Herberge.	ihr Kind	Fürchtet euch nicht!	in einem Stall schlafen.	mussten nach Betlehem.
sahen ein helles Licht.	schwanger.	Maria und Josef mit Jesus.	zum Stall.	

Zum Basteln: Weihnachtskrippe

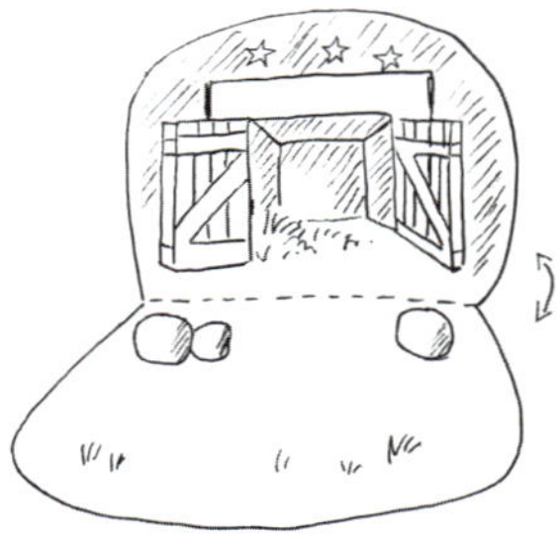

Aus den Ausschneidevorlagen kannst du deine eigene Krippe basteln.

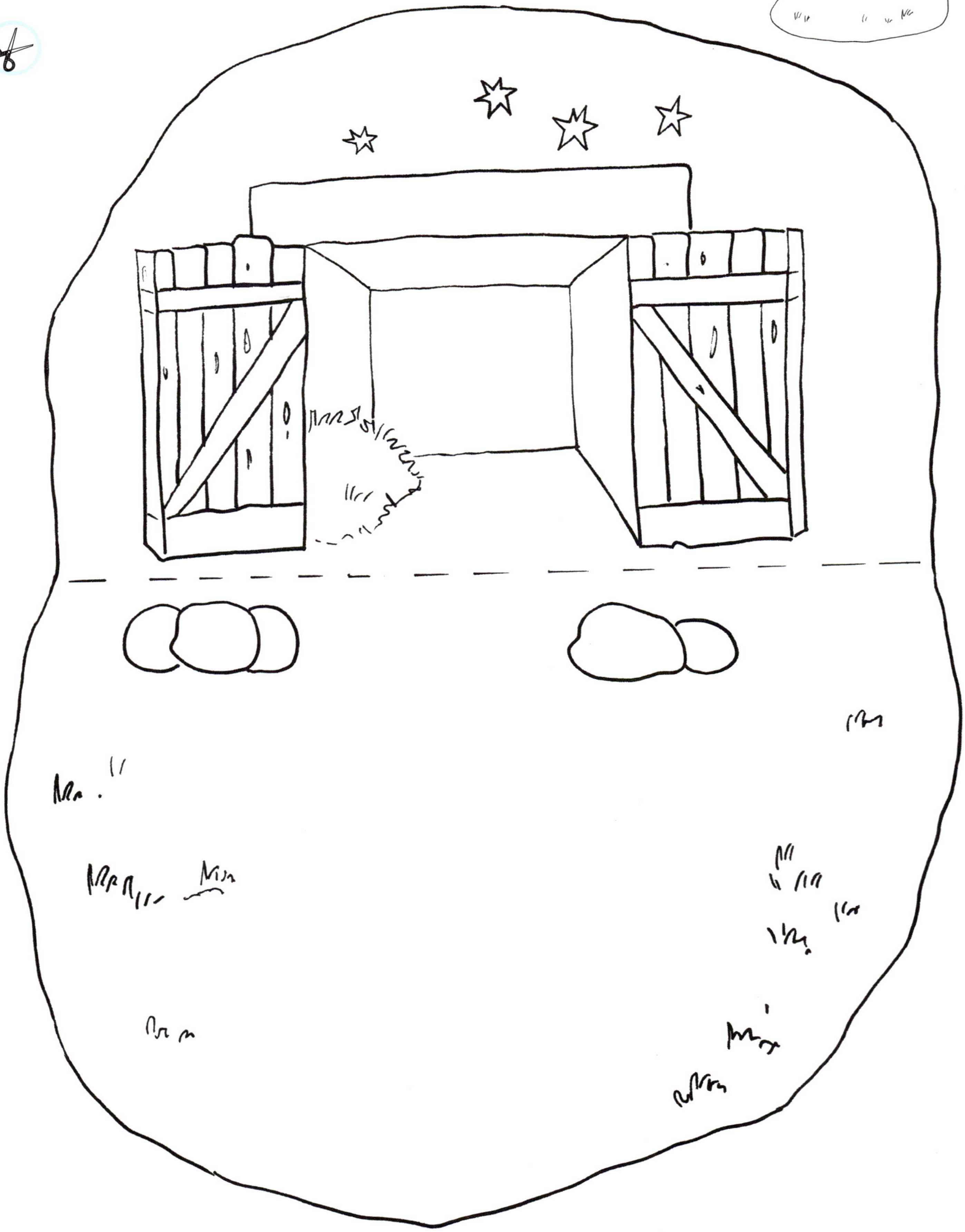

Zum Basteln: Weihnachtskrippe

1. Male den Stall und die Figuren an.
2. Schneide den Stall und die Figuren aus.
3. Knicke das Stall-Bild an der gestrichelten Linie und stelle den Stall auf.
4. Knicke die Figuren und klebe sie mit der Klebeseite vor den Stall.
5. Klebe den Stern über den Stall.

Finde den Unterschied!

Suche die 10 Fehler im unteren Bild!

Als Jesus geboren wurde

Schreibe das passende Wort zum Bild. Male an!

JESUS

JOSEF

HIRTEN

STERN

STALL

MARIA

Die Geburt Jesu in der Bibel

Lukasevangelium 2,1–20

1 Es geschah aber in jenen Tagen, dass Kaiser Augustus den Befehl erließ, den ganzen
Erdkreis in Steuerlisten einzutragen.

2 Diese Aufzeichnung war die erste; damals war Quirinius Statthalter von Syrien.

3 Da ging jeder in seine Stadt, um sich eintragen zu lassen.

4 So zog auch Josef von der Stadt Nazaret in Galiläa hinauf nach Judäa in die Stadt Davids,
die Betlehem heißt; denn er war aus dem Haus und Geschlecht Davids.

5 Er wollte sich eintragen lassen mit Maria, seiner Verlobten, die ein Kind erwartete.

6 Es geschah, als sie dort waren, da erfüllten sich die Tage, dass sie gebären sollte,

7 und sie gebar ihren Sohn, den Erstgeborenen. Sie wickelte ihn in Windeln und legte ihn
in eine Krippe, weil in der Herberge kein Platz für sie war.

8 In dieser Gegend lagerten Hirten auf freiem Feld und hielten Nachtwache bei ihrer Herde.

9 Da trat ein Engel des Herrn zu ihnen und die Herrlichkeit des Herrn umstrahlte sie und
sie fürchteten sich sehr.

10 Der Engel sagte zu ihnen: Fürchtet euch nicht, denn siehe, ich verkünde euch eine
große Freude, die dem ganzen Volk zuteilwerden soll:

11 Heute ist euch in der Stadt Davids der Retter geboren; er ist der Christus, der Herr.

12 Und das soll euch als Zeichen dienen: Ihr werdet ein Kind finden, das, in Windeln
gewickelt, in einer Krippe liegt.

13 Und plötzlich war bei dem Engel ein großes himmlisches Heer, das Gott lobte und
sprach:

14 Ehre sei Gott in der Höhe und Friede auf Erden den Menschen seines Wohlgefallens.

15 Und es geschah, als die Engel von ihnen in den Himmel zurückgekehrt waren, sagten
die Hirten zueinander: Lasst uns nach Betlehem gehen, um das Ereignis zu sehen, das
uns der Herr kundgetan hat!

16 So eilten sie hin und fanden Maria und Josef und das Kind, das in der Krippe lag.

17 Als sie es sahen, erzählten sie von dem Wort, das ihnen über dieses Kind gesagt
worden war.

18 Und alle, die es hörten, staunten über das, was ihnen von den Hirten erzählt
wurde.

19 Maria aber bewahrte alle diese Worte und erwog sie in ihrem Herzen.

20 Die Hirten kehrten zurück, rühmten Gott und priesen ihn für alles, was
sie gehört und gesehen hatten, so wie es ihnen gesagt worden war.

Lernrückblick „Jesus wird geboren“ von

Name: ....

	🙂	😐	☹️
Ich kenne die Erzählung von Jesu Geburt.			
Ich kann zu einzelnen Bildern der Erzählung von Jesu Geburt etwas erzählen.			
Ich kann die Erzählung von Jesu Geburt nacherzählen.			
Ich weiß, wie Hirten damals lebten.			
Ich weiß, was der Engel den Hirten verkündete.			
Ich kann erklären, was sich die Hirten von der Geburt Jesu erhofften.			

Bemerkung der Lehrkraft

Quiz zu „Jesus wird geboren“

Name: ....

	Bemerkung der Lehrkraft
Wo wird Jesus geboren?	
Wie lebten Hirten damals?	
Was passierte auf dem Feld?	
Was erhofften sich die Hirten?	

Lösungen

Lösung für Arbeitsblatt Seite 26

T	U	Z	Q	S	U	P	H	R	Y
A	Q	J	Y	H	I	M	Q	F	A
Y	D	X	S	T	A	L	L	J	F
I	R	K	C	C	G	R	R	E	Q
U	L	Ü	V	E	L	V	T	S	O
V	Ö	M	N	J	S	R	O	U	W
X	R	A	Q	H	O	U	P	S	C
N	I	R	S	G	Z	S	L	Q	I
G	A	I	B	N	O	R	E	Q	P
B	X	A	E	X	Ä	X	E	F	S

Lösung für Arbeitsblatt Seite 27

L	E	S	N	G	K	O	H	G	S	L	B	S	L
J	E	S	U	S	K	B	K	I	N	D	E	T	N
Y	J	S	R	H	O	N	A	J	H	T	T	E	T
Q	D	C	H	A	O	Y	N	L	B	X	L	R	T
M	L	H	I	K	E	S	E	L	R	D	E	N	K
S	T	A	K	E	O	H	G	N	M	B	H	N	R
T	C	F	L	Y	L	I	E	H	A	P	E	C	I
A	K	I	V	W	P	R	H	E	R	C	M	S	P
L	L	Ö	Z	E	X	T	L	R	I	H	S	N	P
L	I	K	G	P	C	E	H	B	A	H	V	E	E
M	N	A	C	H	T	N	U	E	H	E	V	N	S
X	S	G	J	O	S	E	F	R	Q	L	J	G	K
I	S	C	Z	B	U	R	S	G	M	D	G	E	T
F	O	I	T	H	U	M	K	E	H	R	N	L	U

Lösung für Arbeitsblatt Seite 28

Q	L	O	T	S	I	E	H	E	V	I	V	Y	A	A	L	Y	E
U	N	F	S	T	E	R	N	U	A	Z	V	S	R	K	R	A	P
E	A	K	I	N	D	S	T	Q	T	J	B	M	E	R	O	Z	W
S	U	G	E	G	S	C	P	Y	T	N	G	U	T	I	H	F	B
E	L	I	S	C	K	H	W	E	H	H	H	S	T	P	P	Y	X
L	F	P	G	Q	J	A	X	B	B	T	Q	I	E	P	D	M	V
G	Z	E	X	N	O	F	L	W	T	M	W	K	R	E	S	A	Q
Y	G	N	F	C	S	W	D	E	G	M	F	F	I	G	U	R	D
I	V	G	P	Q	E	E	S	I	E	K	K	N	D	N	S	I	J
I	F	E	K	C	F	W	V	H	B	B	T	H	D	C	Y	A	E
P	M	L	I	A	S	O	R	N	U	E	N	W	N	H	M	F	S
J	H	X	W	F	H	M	A	A	R	T	C	L	A	E	W	S	U
U	W	G	I	R	I	F	Y	C	T	L	F	S	C	R	P	G	S
D	B	D	N	I	R	I	N	H	G	E	F	T	H	B	J	S	M
V	O	W	D	E	T	F	H	T	B	H	B	A	T	E	R	I	C
L	D	A	E	D	E	R	U	E	J	E	N	L	E	R	S	K	H
T	V	G	L	E	N	H	B	N	I	M	E	L	B	G	W	S	S
P	D	Y	N	N	X	B	H	Z	D	X	J	U	G	E	T	K	F

Was stimmt da nicht? (Lösung für Arbeitsblatt Seite 38)

Kannst du das Rätsel lösen? (Lösung für Arbeitsblatt Seite 31)

Die Buchstaben untereinander ergeben das Lösungswort:

B E T L E H E M

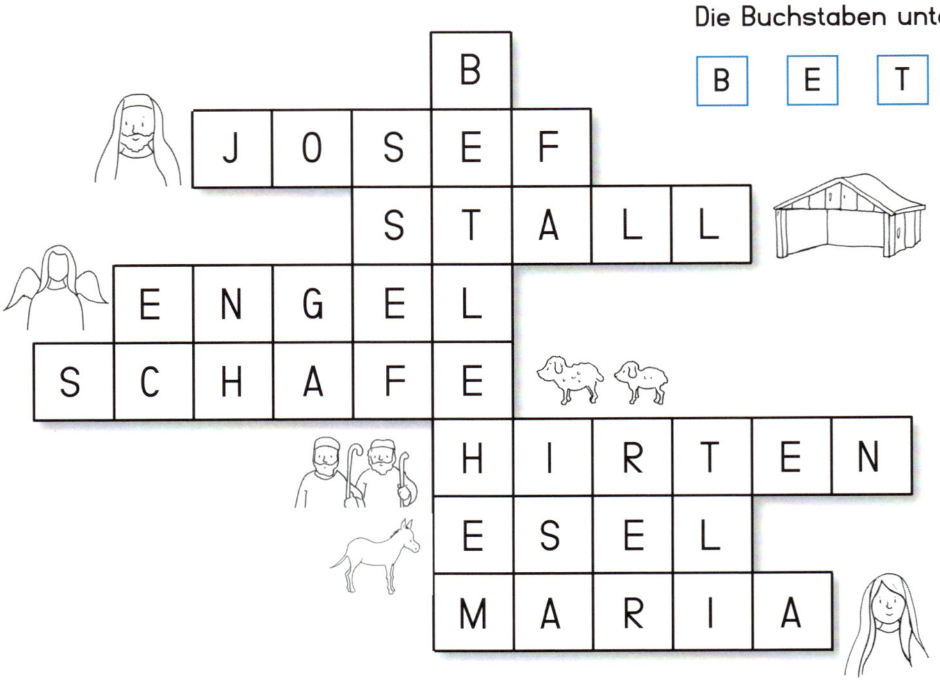

Kannst du das Rätsel lösen? (Lösung für Arbeitsblatt Seite 32)

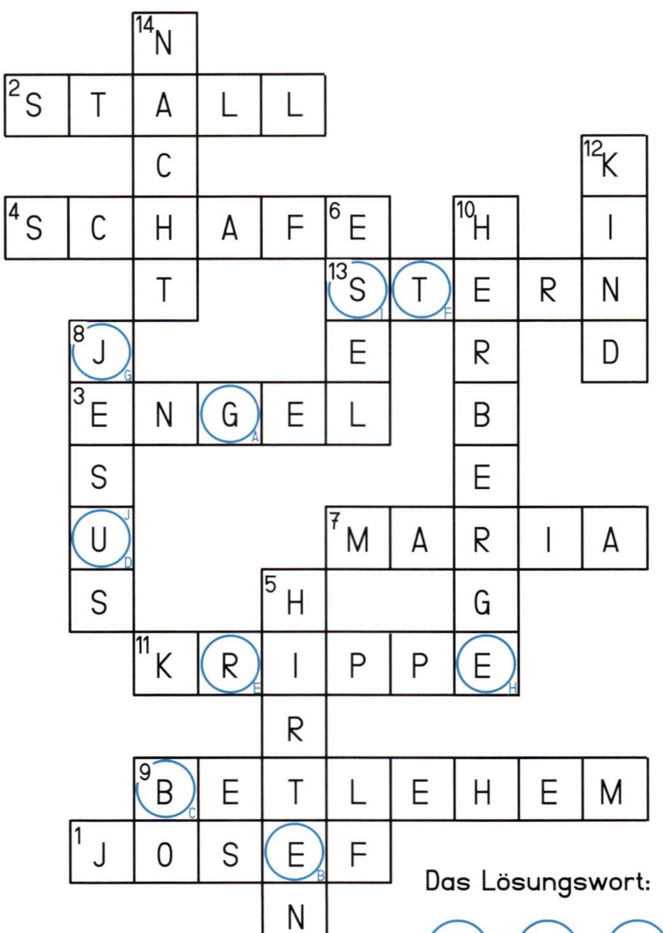

Das Lösungswort:

G(A) E(B) B(C) U(D) R(E) T(F) J(G) E(H) S(I) U(J)

Kannst du das Rätsel lösen? (Lösung für Arbeitsblatt Seite 33)

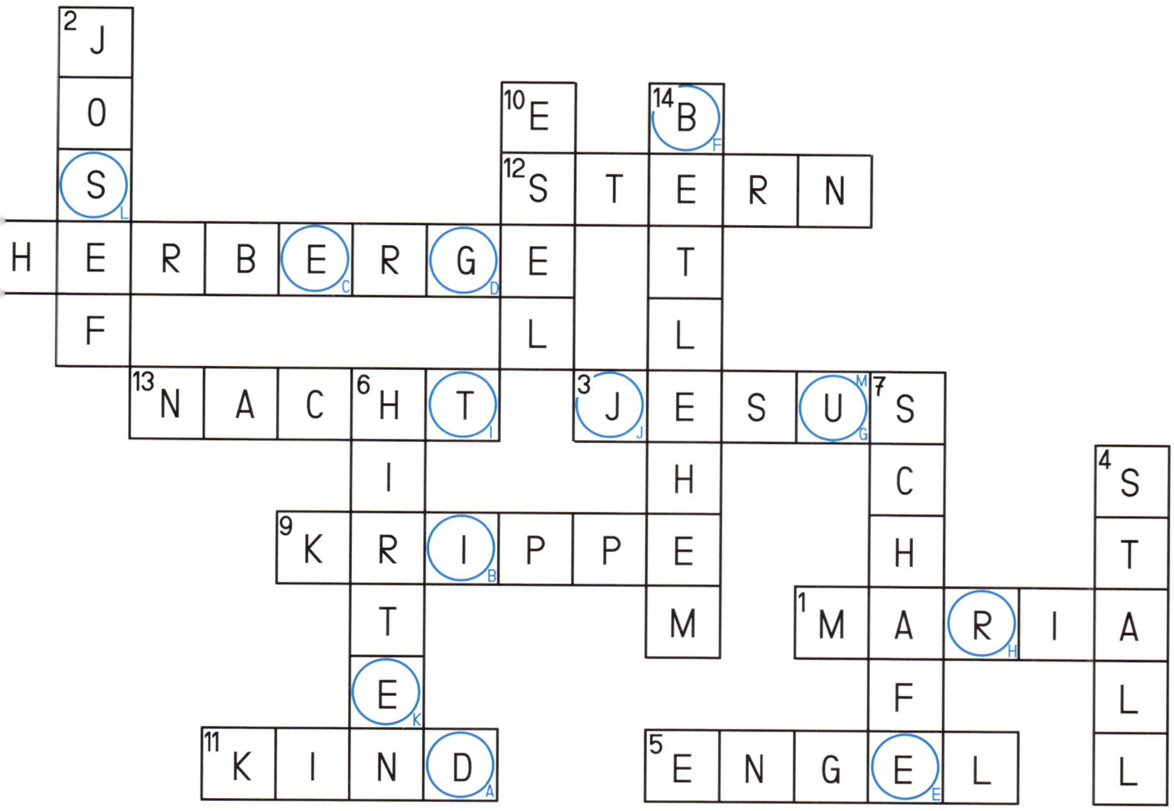

Das Lösungswort:

D(A) I(B) E(C) G(D) E(E) B(F) U(G) R(H) T(I) J(J) E(K) S(L) U(M)

DIE GEBURT JESU

Finde den Unterschied (Lösung für Arbeitsblatt Seite 42)

7. Weiter-Denk-Impulse

Ausgehend von der Weihnachtserzählung des Evangelisten Lukas lässt sich der Begriff „Weihnachtsgeschichte“ kritisch betrachten. Da den Kindern unzählige verschiedene „Weihnachtsgeschichten“ in Form von Kinderbüchern angeboten werden, die kaum etwas bis gar nichts mit der biblischen Geschichte zu tun haben, ist es mitunter schwer, die biblische Geschichte als „ursprüngliche“ Weihnachtsgeschichte zu verstehen und zu identifizieren.

Hinzu kommt die Frage nach den verschiedenen Erzählungen der Bibel: Warum kommen in dieser Geschichte keine Sterndeuter vor? Behutsam kann ein Verständnis vom Aufbau der Bibel angebahnt werden, weitere Informationen zu den Evangelien können je nach Kenntnisstand der Kinder einfließen.

Durch die mediale Präsenz des Weihnachtsfestes lassen sich weitere Anknüpfungspunkte finden. Wie wird in den Medien davon berichtet, was nehmen die Kinder wahr? Welche „weihnachtlichen“ Figuren tauchen auf: Engel, Weihnachtsmann, Nikolaus, Christkind ...? Woher kommen weihnachtliche Bräuche und wie wird in verschiedenen Ländern/Regionen gefeiert? Welche Hoffnungen sind wohl allen Menschen gemeinsam?

Visuelle Impulse

- Eingepackte Geschenke liegen auf dem Tisch, dazu Karten mit einem traurigen und einem fröhlichen Gesicht. Welche Assoziationen tauchen auf? Warum ein trauriges Gesicht? Gibt es Geschenke, die traurig machen? Was bedeutet das Schenken zu Weihnachten, was war ursprünglich der Grund?
- Auf dem Boden liegt Bild 11 des Bildkartensets, verdeckt von vielen Weihnachts-Zeitschriften, Weihnachtsbüchern und Accessoires. Was ist der Grund des Weihnachtsfestes? Was bewirkt es, wenn es verdeckt wird? Wie kann ich der Sache „auf den Grund gehen“?

Verbale Impulse

- Worauf hofften die Menschen/die Hirten damals? Worauf hoffst du? In Anknüpfung an die Engelszene auf dem Feld können die Kinder ihren eigenen Hoffnungen nachspüren, gerade auch über die materiellen Dinge hinaus. Hier kann das Hirtenbild (Bild 10) unterstützend eingesetzt werden. Indem über die Hoffnungen der Hirten damals nachgedacht wird, können eigene Hoffnungen verbalisiert werden.
- „Hoffentlich ...“ so beginnen viele Sätze. Wie könnte der Satz weitergehen? Sprechblasen, z.T. mit dem vorgegebenen Wort können in die Mitte gelegt und dann beschriftet werden.

Kreative Impulse

- Was bringt Licht in die Dunkelheit? Auf dunkler/schwarzer Pappe können hell gemalte und bebilderte Hoffnungs-Wörter aufgeklebt werden oder es können aus Zeitschriften Beispiele für Nächstenliebe gesammelt und als Wandzeitung gestaltet werden.
- Lichtertanz zum bekannten Lied „Wir tragen dein Licht in die Welt hinein“ von Rolf Krenzer/Detlev Jöcker.

Zur Autorin

Britta Vaorin ist Lehrerin für die Primarstufe in Nordrhein-Westfalen, war abgeordnete Lehrkraft am Seminar für Evangelische Theologie an der Philosophischen Fakultät der Universität Siegen und Lehrbeauftragte an der Technischen Universität Dortmund am Institut für Allgemeine Didaktik und Schulpädagogik. Als Referentin hält sie Fortbildungen zu den Bereichen „Kreativität und Religionsunterricht", „Schüleraktivierende Methoden im Religionsunterricht", „Religion und Inklusion" sowie „Sprachsensibler Religionsunterricht".

In gleicher Ausstattung erschienen

Britta Vaorin
Arbeitsmaterial Grundschule. Stationenlernen Religion: Zachäus auf dem Baum
DIN A4, 21 teilweise perforierte Materialkarten, inkl. 48-seitigem Begleitheft, in praktischer Sammelmappe, inkl. Downloadcode für Kopiervorlagen und eKami für den Beamer
ISBN: 978-3-7698-2459-9

Britta Vaorin
Arbeitsmaterial Grundschule. Stationenlernen Religion: Abraham und Sara
DIN A4, 21 Materialkarten, teilw. perforiert, in praktischer Sammelmappe; inkl. Downloadcode für Lösungsblätter und eKami
ISBN: 978-3-7698-2444-5

Britta Vaorin
Arbeitsmaterial Grundschule. Stationenlernen Religion: Mose, Prophet Gottes
DIN A4, 21 Materialkarten, teilweise perforiert, in praktischer Sammelmappe; inkl. Downloadcode für eKami
ISBN: 978-3-7698-2513-8